This book belongs to:

Write your name on the stocking

Christmas Math Challenges

- **Coloring Pages**
- **Creative Activities**
- **Drawing Christmas Things**

Merry Christmas!

Happy Holidays!

Design the ugliest ugly sweater

Personalize this Christmas wreath

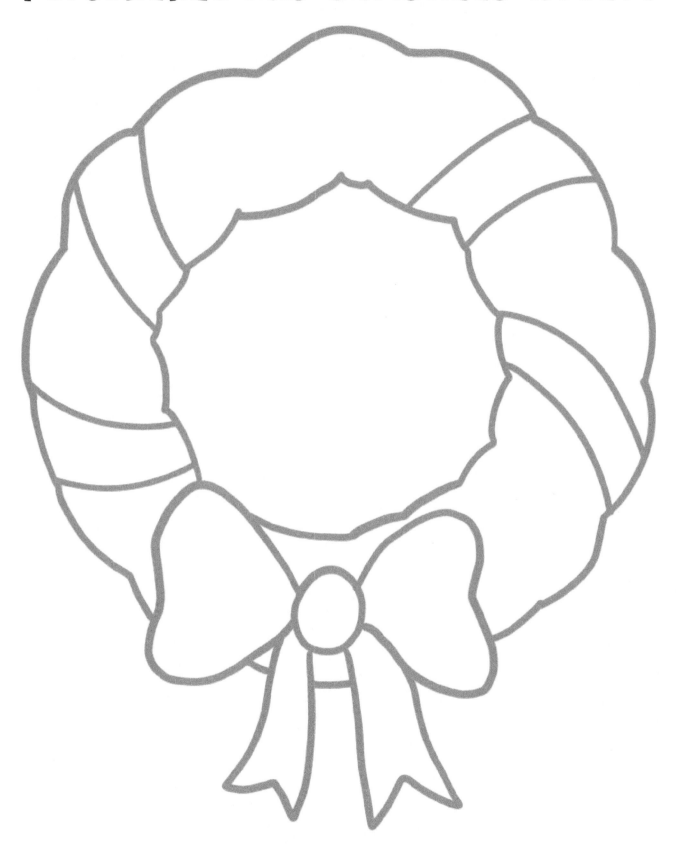

Create a snow globe of your favorite place in the world!

Have fun decorating
some ornaments

How many difference can you spot?

Find the answers at the end of the section for the Word Game pages

LEARN TO DRAW COOL CHRISTMAS THINGS

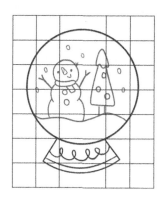

FOLLOW THE STEPS. USE THE GRID AS GUIDELINES.
FIRST TRACE THEN DRAW ON YOUR OWN.

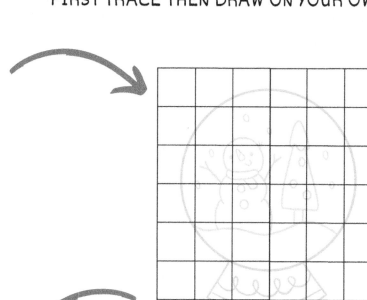

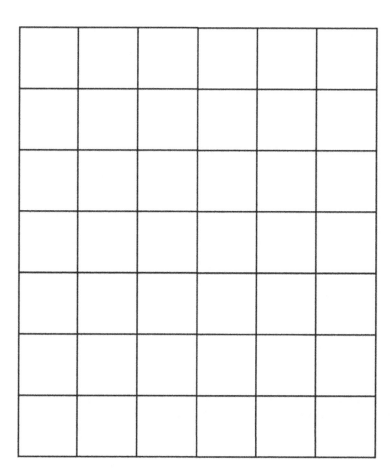

LEARN TO DRAW COOL CHRISTMAS THINGS

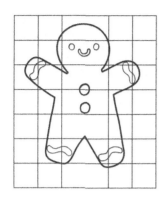

FOLLOW THE STEPS. USE THE GRID AS GUIDELINES.
FIRST TRACE THEN DRAW ON YOUR OWN.

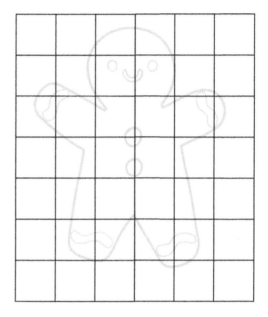

LEARN TO DRAW COOL CHRISTMAS THINGS

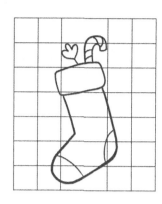

FOLLOW THE STEPS. USE THE GRID AS GUIDELINES.
FIRST TRACE THEN DRAW ON YOUR OWN.

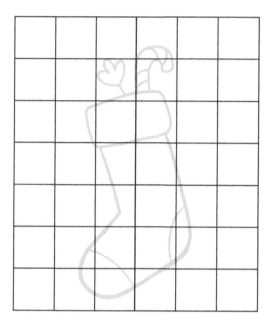

LEARN TO DRAW COOL CHRISTMAS THINGS

FOLLOW THE STEPS. USE THE GRID AS GUIDELINES.
FIRST TRACE THEN DRAW ON YOUR OWN.

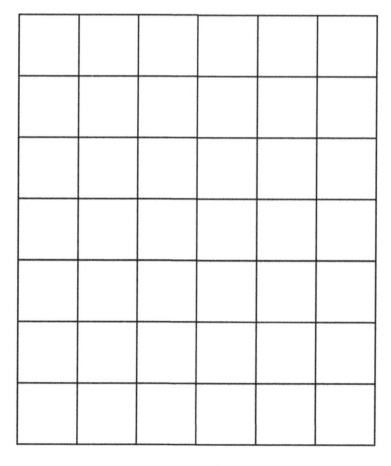

LEARN TO DRAW COOL CHRISTMAS THINGS

FOLLOW THE STEPS. USE THE GRID AS GUIDELINES.
FIRST TRACE THEN DRAW ON YOUR OWN.

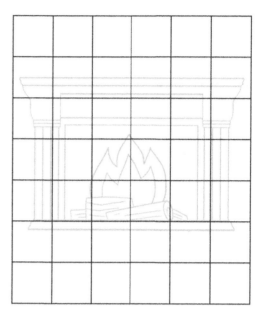

Practice Drawing Snowflakes

Learn how to draw different types of snowflakes by tracing the ones with faint lines.
Practice drawing by filling this whole page with as many snowflakes as you wish!

Christmas Word Games

★ Find answers from the puzzles in this section at the end of the section

CHRISTMAS FUN

```
P N G
Z J X Q G L C
E P O T W Y I Q C
U N E D H D U Z B
K V A A V Z I R S G
X D V T E S K L U H I
J D Q M I I V P L Q H A
M T G N V V U G C F S F
B X C O A D I T A L E H B
A V P P M Y T E D N J L
E K N Q Z W D Y V D C U
F I M P D O M S T T Q
Q A N I E I N H C O G
D A N G Y Z J S K E A
S G T M C M B S A G N E
Q N L I N K O Z W Q D Z E H
I O C S F A E O U P O L W N
S B W W S V T S O K U E P I T
Z K A S L E P G T W I F X N U Z
S J N G S S N X I E U E I F M B
H V G T V B X R V V R Q S H V
N B E B G H V T N P I C S O Q
O L E K L O X C M W N E T
R S M V B S G T P B Q G S
T J M N U J Q Y
```

baking cookies
build a snowman
gift giving
nativity scene
secret santa
sledding
snow angels

CHRISTMAS DECORATIONS

```
V E S U R L K C T R E E T O P P E R I
I E T R Y E Q O I B R D I C A X S D M
A R O B O S M L O F W D D Y L C O A Q
H T C T I N U D S D F P C O T T V F V
E S K X Q I L Z M Q I P B A W M Q U H
I A I X D T B I N F J K V J N E V O
H M N Z X U G M E Y G P B P M M B U L
S T G J E L U C O E F Q Z R J O G H I
M S S T K E O X E D H U D F U C K E D
L I S X K N P B L B O X N J O M U O A
I R F N E L O V H M L F Y P T S W T Y
B H G S O L X H V R L O O B H F J E C
Q C Y W G B V K Q R Y E A T I D O L A
Y M F W K Y B J G V Q C A H Z G J T N
E K O U I A R I L I F E E K W M F S D
Z N Y K U Y I Y R K R A E F Z T W I L
S P A P E R S N O W F L A K E S N M E
Y O E C H R I S T M A S L I G H T S S
G K H B P I Y G A I T T E S N I O P D
```

paper snowflakes	christmas lights
holiday candles	christmas tree
tree topper	poinsettia
pine cones	mistletoe
stockings	snowglobe
ribbons	wreaths
tinsel	holly

CHRISTMAS CAROLS

F J R
D O J
E Y V
E C T R
E K O W S
G T T A Z
E R F Y H H F R T S
E N M P X E E U O V Q O I
H L U R Z N S H W H U W Q Z S A
X Y A D M M D A O Z U T W I K I
V A F Z H H M K L R A H T G D R L T
S F W P Z X C R L L R H F L C C B D V
P O G Q A Y J Q T S D G T E X U C C H G
S L Q N F Y D I V K I A F W E C A N Z V
W A E H I Y I J N N W Y K B W G S A Z Q
E U L O L K D N T G O H O L Y N I G H T
I Y S A N K E N A Y L W K G K U O Y Y J
L S E S Q T E E R M K E Y R R B K B D X
H H U Y G L S S R G A O B L L V V V Q E
B H R I H M R W H F N C E K Z S Q E
E P S V C X V I R T B G A L B H H Z
P A D R Y D D F R E A E A L Z J
M G J Y P G Y E U W P R J S
E P U M T O N H L V T V
C B M Z K C T P

away in a manger
deck the halls
jingle bells
joy to the world
o holy night
silent night
the first noel
we three kings

SANTA CLAUS'S WORKSHOP

```
I N N E M X T E J R U Z X B N S X T D M A K L O
K S V N R Q O V H C M M E Q A I R J Y G A R
M O U D O C O Y M X G O O F H R V L P L C U
H V R R M E Z S M Z P F O O I N K Y K K P E
T G H P N D M C V A M E U R H C W F B O J W
  H I R A O F R C M K J S B L C Z P G E N
  Y E E B A R I M S J I C N Y I D H P L Z
  Z L V L H F T B N X G N P I B A A Z H B
  E C L W S E M H L K N R G U A I M K X Z
  F U R Y M B L Z P Y C E T M N R G J Y A
  A G E V N S B N S O C L L T A V T G M K
  G E D E B M D J X U L V B T X C T Y E S
  P P S A C V F Y K Z W E Y O I U H R O U
  L V U V E K S O I G B S G E E V U I Q T
  D R I J I A V F Y C O L P O P B K S N L
  Y L V T S R E T T E L F O S E L I P R N E G
```

elves
mailroom
north pole
paint
piles of letters
red suit
sleigh
toy making machine
toy trains

BABY JESUS IN THE MANGER

```
      B S S G                    R C S
      T G W N R                  S M G N W
      H T C Y S U V            A R L V A W U
    H I J B C C R Q            W S B C O W O
    A S B L X Y C              M K G E C F V
  O N J T H E D V              D V F P U E D T
  B J G U G K R N J  H A J  H E O Y N H B A
  K L E G N A I E E  A L G  U P Z X S A O S
  W G N O E W A S G M S T A B L E B C J D Q
  Z Y T D G H I J H A N E N K Q K Y T O Z R B M
  N F J C N R M B E H A A S S E J T S P J E D S E
  P B A I M T I R E L M V M I E K E U Y E H V C B
  Z Q U O Y G O C P B H O V S W P G O X C P C Z P
  U U T O Z Y R A M D O U U D H C L B F C E L A G
  R B E T H L E H E M S P H C G N G B T H I M S
  Q X G P J Z L J A G Z Q Y A A D T L N S W U
      E O M W Z O Y          S E E Y D O D C L H
      T V R T C              X K A K G R O V E
      X E S B                T X
```

ANGEL   BABY JESUS
BETHLEHEM   COW
DONKEY   HAY
JOSEPH   MANGER
MARY   SHEEP
SHEPHERDS   STABLE
WISE MEN

CHRISTMAS CHARACTERS

```
              R B U I Y
              O H J L U A A Q
          I V H J Z X I V D A L M
        A E X W I S R B W N M Q M A L D
F W     L X L U G Q U R G S C H   K E F
A S D   H S Q O R F D K V U J
U R     I M P L I C O G Y G J Y
W L W   E O Y N O L O W A L K H
W J     Y T D C R F E P R I G E
O P X   Q S B N H N P Z I P C Q
Y P T J K S R I Y E P S P L Q Y N W
A F A O G J O C G U M K R U G B A Z L
Q G V U X Q I I A N Z E M E I M A A K
  G S P W U D G S E Z K F S I W B E A
    Q Q S K D V P I U C A V A O M Y U
    Q R B X K S F P P A I B Y N C C
Y Q Z I V C C U U K R R H H S T M
Y W A L R F J O Y G C Y O O E K A R B
  A J O N O F J U A T B O B H   V C S
X G O Z R R D V E M U Z T R T A   Q L C D D A Q S
  I G Z I N V Q C T B N T I M Y V   N A L P U G X K
E V R R O Z V B L P L Q M I T       L F U A G X T C Q
  S D E F F         J C T S         T X L S U L S P V
  K F F U L         Q T Y O M       R L L L V S W L U
  W S T I I I       E M N R U       S G D D D O W L C
  K H S G B B       E Z I F Q       S P Y E Z C Q R
  T K H B V         B U T O D G
```

CINDY LOU WHO   FROSTY THE SNOWMAN
GRINCH   MRS CLAUS
NUTCRACKER   RUDOLF
SANTA CLAUS   SCROOGE
SUGAR PLUM FAIRY   TINY TIM

CHRISTMAS SWEETS TREATS

candy cane
christmas cupcakes
gingerbread man
hot chocolate
peppermint bark
sugar cookies
truffles
yule log

SANTA CLAUS'S WORKSHOP

```
I N N E M X T E J R U Z X B N S X T D M A K L O
K S V N R Q O V H C M M E Q A I R J Y G A R
M O U D O C O Y M X G O O F H R V L P L C U
H V R R M E Z S M Z P F O O I N K Y K K P E
T G H P N D M C V A M E U R H C W F B O J W
  H I R A O F R C M K J S B L C Z P G E N
  Y E E B A R I M S J I C N Y I D H P L Z
  Z L V L H F T B N X G N P I B A A Z H B
  E C L W S E M H L K N R G U A I M K X Z
  F U R Y M B L Z P Y C E T M N R G J Y A
  A G E V N S B N S O C L L T A V T G M K
  G E D E B M D J X U L V B T X C T Y E S
  P P S A C V F Y K Z W E Y O I U H R O U
  L V U V E K S O I G B S G E E V U I Q T
  D R I J I A V F Y C O L P O P B K S N L
Y L V T S R E T T E L F O S E L I P R N E G
```

elves
mailroom
north pole
paint
piles of letters
red suit
sleigh
toy making machine
toy trains

Animal in the North Pole

```
              P                          N
    B Y P W J D Y H G K W L Y N
    Q X W E T U J N I G P V B B
    J K G W Q I O G J G V E
    Y S A N M Y P V K J L W
    G G I M D Z K K E U Y L
    R A M E T S H E V G X X D B
    E E L X Q P H G A J L N Q P
    V D I G H T G W I W J L J G
    N P B N R V H I B K D Q W G
    Q Q R L D A R T F X F I W V
    X F G L E Z D A F L E N
    N Y E C L E X Q J Q C V
    P V B G U B R F E I D Q
    A S X M W V X A X T Q P T N
    B A G O H N X Y R V J C Z E
    B O S E K Z Q N U Z Z E D H
  Q L T S N S S P L B C G U C T Z
  M P X A U O N U N R R X O L U L
  J P I O O R W Z M V O F L A F P
  F O C J F Y L Y O P U G I E X B
  L L H I C C T A O U Q R G S Z K
  Y A I E W K I G W W W W O E P M A
  X R Y F B M Z T D G L J T R C D
  C B X V A D X B C L L K Q A D
    E L Z X Q G E V R M A N H V
    A E K R G I U A W Q Q K
    R O W V B K D Y K W C N
    N C K F N K N N
    F T H H J X B C
```

arctic fox   beluga whale   harp seal
lemming   muskox   polar bear
reindeer   snowy owl   walrus

Types of Snowflakes

CAPPED BULLETS
CROSSED NEEDLES
NEEDLES
PRISMS
SHEATHS
STELLAR DENTRITES

COLUMNS
IRREGULARS
PLATES
RIMED
STARS

The Birth of Baby Jesus

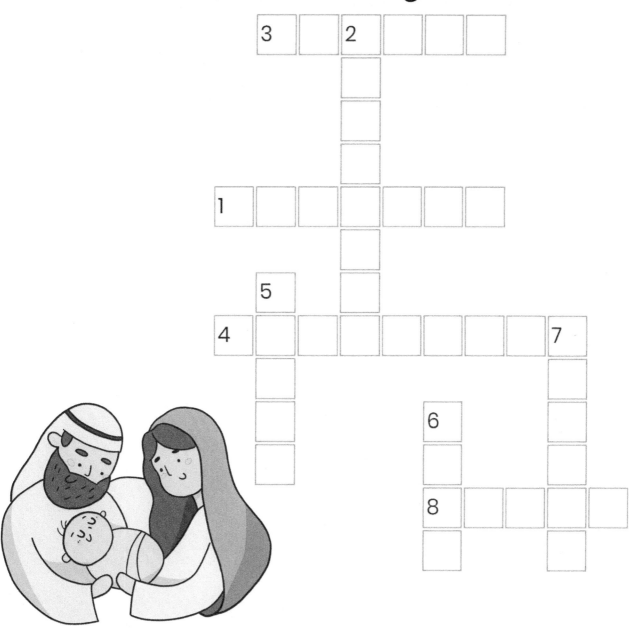

Across

[1] THE NAME OF THE ANGEL WHO TOLD MARY SHE WOULD BE HAVING A BABY.

[3] MARY RODE THIS ANIMAL DURING THEIR JOURNEY.

[4] JESUS WAS BORN IN A PLACE CALLED _____.

[8] AN _____ TOLD THE SHEPHERDS THAT JESUS WAS BORN.

Down

[2] MARY AND JOSEPH WERE FROM A PLACE CALLED _____.

[5] THE NAME OF THE KING WHO WAS LOOKING TO HARM BABY JESUS.

[6] THIS BRIGHT OBJECT IN THE SKY GUIDED THE THREE WISE MEN TO BABY JESUS.

[7] INSTEAD OF A CRIB, BABY JESUS LAID IN A _____.

How do you say "Merry Christmas" in other languages?

Challenge: Match the phrase with the language it belongs to. Let's see how many you guess right!

MERRY CHRISTMAS PHRASE

MALIGAYANG PASKO ●

BUON NATALE ●

Счастливого Рождества ●

FELIZ NATAL ●

FROHE WEIHNACHTEN ●

WESOŁYCH ŚWIĄT ●

UKHISIMUSI OMNANDI ●

शुभ क्रिसमस ●

メリークリスマス ●

FELIZ NAVIDAD ●

JOYEUX NOËL ●

LANGUAGE

● HINDI

● SPANISH

● GERMAN

● JAPANESE

● TAGALOG

● RUSSIAN

● POLISH

● ITALIAN

● ZULU

● PORTUGUESE

● FRENCH

Scrambled pictures

Oh no! These Christmas objects are scrambled together.
Can you identify what they are?

Christmas Carol Scramble

Unscramble the titles of these Christmas carols

NLiETS GTHiN

....

OYJ TO TEH LORWD

....

ZEFiL DANViDA

....

GNiLEJ LBELS

....

YAAW Ni A GAMNRE

....

HTE iSRFT ELNO

....

VERSiL SLELB

....

CHRISTMAS FUN

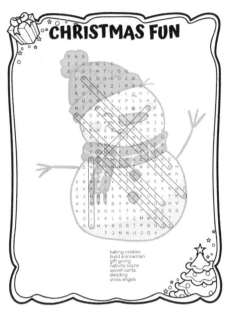

baking cookies
build a snowman
gift giving
nativity scene
secret santa
sledding
snow angels

CHRISTMAS DECORATIONS

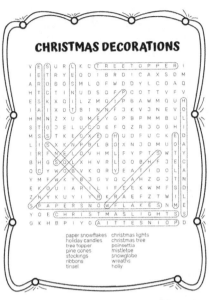

paper snowflakes
holiday candles
tree topper
pine cones
stockings
ribbons
tinsel

christmas lights
christmas tree
poinsettia
mistletoe
snowglobe
wreaths
holly

CHRISTMAS CAROLS

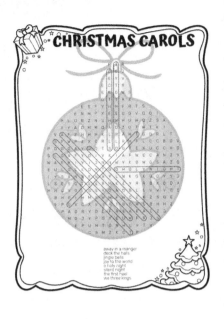

away in a manger
deck the halls
jingle bells
joy to the world
o holy night
silent night
the first noel
we three kings

SANTA CLAUS'S WORKSHOP

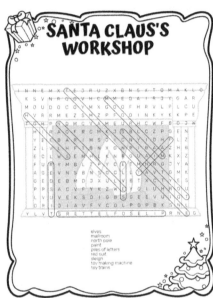

elves
mailroom
north pole
paint
piles of letters
red suit
sleigh
toy making machine
toy trains

BABY JESUS IN THE MANGER

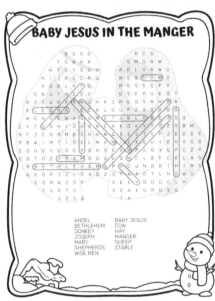

ANGEL
BETHLEHEM
DONKEY
JOSEPH
MARY
SHEPHERDS
WISE MEN

BABY JESUS
COW
HAY
MANGER
SHEEP
STABLE

Animal in the North Pole

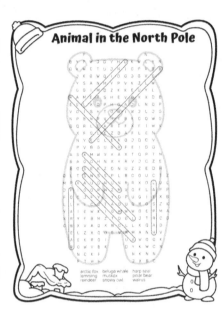

arctic fox
lemming
reindeer

beluga whale
muskox
snowy owl

harp seal
polar bear
walrus

CHRISTMAS CHARACTERS

CINDY LOU WHO
GRINCH
NUTCRACKER
SANTA CLAUS
SUGAR PLUM FAIRY

FROSTY THE SNOWMAN
MRS CLAUS
RUDOLF
SCROOGE
TINY TIM

CHRISTMAS SWEETS TREATS

candy cane
christmas cupcakes
gingerbread man
hot chocolate
peppermint bark
sugar cookies
truffles
yule log

Types of Snowflakes

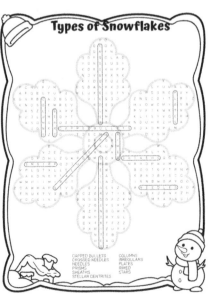

CAPPED BULLETS
CROSSED NEEDLES
NEEDLES
PRISMS
SHEATHS
STELLAR DENTRITES

COLUMNS
IRREGULARS
PLATES
RIMED
STARS

The Birth of Baby Jesus - Solution

```
       ³D O ²N K E Y
           A
           Z
           A
  ¹G A B R ⁵H I E L
           E
  ⁵H       T
  ⁴B E T H L E H E ⁷M
  R                 A
  O       ⁶S        N
  D       T         G
          ⁸A N G E ⁵L
          R         R
```

Across

[1] THE NAME OF THE ANGEL WHO TOLD MARY SHE WOULD BE HAVING A BABY.

[3] MARY RODE THIS ANIMAL DURING THEIR JOURNEY.

[4] JESUS WAS BORN IN A PLACE CALLED _____.

[8] AN _____ TOLD THE SHEPHERDS THAT JESUS WAS BORN.

Down

[2] MARY AND JOSEPH WERE FROM A PLACE CALLED _____.

[5] THE NAME OF THE KING WHO WAS LOOKING TO HARM BABY JESUS.

[6] THIS BRIGHT OBJECT IN THE SKY GUIDED THE THREE WISE MEN TO BABY JESUS.

[7] INSTEAD OF A CRIB, BABY JESUS LAID IN A _____.

How do you say "Merry Christmas" in other languages?

- MALIGAYANG PASKO - TAGALOG
- BUON NATALE – ITALIAN
- СЧАСТЛИВОГО РОЖДЕСТВА - RUSSIAN
- FELIZ NATAL - PORTUGUESE
- FROHE WEIHNACHTEN - GERMAN
- WESOŁYCH ŚWIĄT – POLISH
- UKHISIMUSI OMNANDI - ZULU
- शुभ क्रिसमस - HINDI
- メリークリスマス - JAPANESE
- FELIZ NAVIDAD - SPANISH
- JOYEUX NOËL - FRENCH

SCRAMBLED PICTURES

Sock
Gift

Skate
Pine tree
Candle

Winter hat
Star
Candy cane

Angel
Envelope
Bells

Christmas Carol Scramble

NLIETS GTHIN	SILENT NIGHT
OYJ TO TEH LORWD	JOY TO THE WORLD
ZEFIL DANVIDA	FELIZ NAVIDAD
GNILEJ LBELS	JINGLE BELLS
YAAW NI A GAMNRE	AWAY IN A MANGER
HTE ISRFT ELNO	THE FIRST NOEL
VERSIL SLELB	SILVER BELLS

How many difference can you spot? -- Solutions

Write a postcard to Santa

Deliver to:

From:

Dear Santa,

Sudoku Challenge

Grandma Jo loves sudoku puzzles.

She wants to challenge you to a series of speed sudoku matches. Can you beat Grandma Jo?

Record your time at the bottom of the page

Grandma Jo's Time
(in minutes)

Your time
(in minutes)

GRANDMA JO'S SUDOKU CHALLENGE #1

1	5	2	7			6		8
7	6			4				
8	4		5				3	7
		8	9		6	4		1
	2		8		7	3		5
	1	6	5	2	4		7	9
2	8	1	3	6			5	
4	3	5			1	9	8	
	9	7	4	8	5	2	1	3

Record your time at the bottom of the page

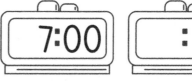

7:00

Grandma Jo's Time
(in minutes)

Your time
(in minutes)

GRANDMA JO'S SUDOKU CHALLENGE #2

		5		9		7	3	6
	6	7			4			
8		3	5		7	1	2	
9	2	6	7			3	4	5
	7	8	3	2	5		1	9
3	5		6			2	8	7
6		2			3		7	1
		9	4	7	2	8	6	3
			1	8	6	5	9	

Record your time at the bottom of the page

7:20

:

Grandma Jo's Time
(in minutes)

Your time
(in minutes)

GRANDMA JO'S SUDOKU CHALLENGE #3

	5	8	3			2	6	
			2		8	1		
2	4	7		1		9		
4	7	1	5	8	6	3		
6			7	3		4	5	8
	8	5		9	2	6	7	1
7		2	9	5	4		3	
	3		1	6	7	5	2	
	9		8	2	3		1	4

Record your time at the bottom of the page

8:00

Grandma Jo's Time
(in minutes)

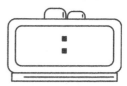

:

Your time
(in minutes)

GRANDMA JO'S SUDOKU CHALLENGE #4

		7		6		1		4
3	1	8	5	4		2		
	6	9	1	2	3		8	7
			3		4		9	1
8				1	6	3	5	2
1				8				
		1		9	8			3
9		6	2			7		
2	8	3		7	1	9		

Record your time at the bottom of the page

10:00

Grandma Jo's Time
(in minutes)

:

Your time
(in minutes)

GRANDMA JO'S SUDOKU CHALLENGE #5

2	7	8		9		1		3
4		3		7	8		9	5
		9				2	8	7
6						4	7	
		4		5	9			2
1	9	2	3	4			6	
	4		9	8	2	7		
	2	6	7				8		4
		7		6	3			1

Record your time at the bottom of the page

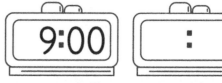

9:00

:

Grandma Jo's Time
(in minutes)

Your time
(in minutes)

GRANDMA JO'S SUDOKU CHALLENGE #6

	5			4	3			
		6	8		9		3	5
8		3	5		7	1	2	
	8				2	3		6
	6		3	8		2		
		2	6				8	7
3	2					6	4	
6	1	9	4	2	8	5	7	3
	7			3	6		9	

Record your time at the bottom of the page

9:30

Grandma Jo's Time
(in minutes)

Your time
(in minutes)

GRANDMA JO'S SUDOKU CHALLENGE #7

	1	9		5				4
4				9	6	1	2	
2			1		7	9		
7	8	3		6		4	5	
		4		3	2	9	8	
	4	2		8	1			
	2	4		9			3	7
1				5	8	4	2	
	5	7	8	2	4			

Record your time at the bottom of the page

9:30

:

Grandma Jo's Time
(in minutes)

Your time
(in minutes)

GRANDMA JO'S SUDOKU CHALLENGE #8

6			2		1	7		
3					7			2
	2		9		3		5	
4	3	8		1		9		7
		6	7		8			
5	7	2	4		9	6		
	6	3	1		2	4		
9		7	3	6	4		8	
				7	5	3		9

Record your time at the bottom of the page

14:00

:

Grandma Jo's Time
(in minutes)

Your time
(in minutes)

GRANDMA JO'S SUDOKU CHALLENGE #9

			2			4	5	6
2	4	8						
5		6		7	9	3		8
4				2	3		8	7
		1			4	2		
3		2		9	6		4	1
		7	5		1	8		
	8	5		4		9		2
6		4				7	1	5

Record your time at the bottom of the page

14:30

Grandma Jo's Time
(in minutes)

Your time
(in minutes)

GRANDMA JO'S SUDOKU CHALLENGE #10

4			5	3				9
	6					3		
2	3	7		9		1		5
	4	1	7	5		9		8
7	5	3		8				
8		2	6	4			5	3
	7		3		5		9	
3		6		1	8			
9				7	2		3	1

Record your time at the bottom of the page

12:00   **:**

Grandma Jo's Time
(in minutes)

Your time
(in minutes)

GRANDMA JO'S SUDOKU CHALLENGES SOLUTIONS

#1

1	5	2	7	9	3	6	4	8
7	6	3	1	4	8	5	9	2
8	4	9	6	5	2	1	3	7
5	7	8	9	3	6	4	2	1
9	2	4	8	1	7	3	6	5
3	1	6	5	2	4	8	7	9
2	8	1	3	6	9	7	5	4
4	3	5	2	7	1	9	8	6
6	9	7	4	8	5	2	1	3

#2

2	4	5	8	9	1	7	3	6
1	6	7	2	3	4	9	5	8
8	9	3	5	6	7	1	2	4
9	2	6	7	1	8	3	4	5
4	7	8	3	2	5	6	1	9
3	5	1	6	4	9	2	8	7
6	8	2	9	5	3	4	7	1
5	1	9	4	7	2	8	6	3
7	3	4	1	8	6	5	9	2

#3

1	5	8	3	4	9	2	6	7
9	6	3	2	7	8	1	4	5
2	4	7	6	1	5	9	8	3
4	7	1	5	8	6	3	9	2
6	2	9	7	3	1	4	5	8
3	8	5	4	9	2	6	7	1
7	1	2	9	5	4	8	3	6
8	3	4	1	6	7	5	2	9
5	9	6	8	2	3	7	1	4

#4

2	7	9	1	3	4	5	8	6
4	1	5	8	9	6	2	7	3
6	8	3	5	2	7	4	9	1
1	4	7	9	6	5	3	2	8
5	3	6	2	7	8	1	4	9
8	9	2	4	1	3	6	5	7
3	2	1	7	4	9	8	6	5
9	5	4	6	8	1	7	3	2
7	6	8	3	5	2	9	1	4

#5

2	7	8	5	9	6	1	4	3
4	1	3	2	7	8	6	9	5
5	6	9	1	3	4	2	8	7
6	3	5	8	2	1	4	7	9
7	8	4	6	5	9	3	1	2
1	9	2	3	4	7	5	6	8
3	4	1	9	8	2	7	5	6
9	2	6	7	1	5	8	3	4
8	5	7	4	6	3	9	2	1

GRANDMA JO'S SUDOKU CHALLENGES   SOLUTIONS

#6

1	5	7	2	4	3	9	6	8
2	4	6	8	1	9	7	3	5
8	9	3	5	6	7	1	2	4
9	8	4	7	5	2	3	1	6
7	6	1	3	8	4	2	5	9
5	3	2	6	9	1	4	8	7
3	2	8	9	7	5	6	4	1
6	1	9	4	2	8	5	7	3
4	7	5	1	3	6	8	9	2

#7

6	1	9	2	5	8	3	7	4
4	7	8	3	9	6	1	2	5
2	3	5	1	4	7	9	8	6
7	8	3	9	6	2	4	5	1
5	6	1	4	7	3	2	9	8
9	4	2	5	8	1	7	6	3
8	2	4	6	1	9	5	3	7
1	9	6	7	3	5	8	4	2
3	5	7	8	2	4	6	1	9

#8

6	4	5	2	8	1	7	9	3
3	8	9	6	5	7	1	4	2
7	2	1	9	4	3	8	5	6
4	3	8	5	1	6	9	2	7
1	9	6	7	2	8	5	3	4
5	7	2	4	3	9	6	1	8
8	6	3	1	9	2	4	7	5
9	5	7	3	6	4	2	8	1
2	1	4	8	7	5	3	6	9

#9

7	9	3	2	1	8	4	5	6
2	4	8	3	6	5	1	7	9
5	1	6	4	7	9	3	2	8
4	5	9	1	2	3	6	8	7
8	6	1	7	5	4	2	9	3
3	7	2	8	9	6	5	4	1
9	2	7	5	3	1	8	6	4
1	8	5	6	4	7	9	3	2
6	3	4	9	8	2	7	1	5

#10

4	1	8	5	3	6	2	7	9
5	6	9	1	2	7	3	8	4
2	3	7	8	9	4	1	6	5
6	4	1	7	5	3	9	2	8
7	5	3	2	8	9	4	1	6
8	9	2	6	4	1	7	5	3
1	7	4	3	6	5	8	9	2
3	2	6	9	1	8	5	4	7
9	8	5	4	7	2	6	3	1

Christmas
Math
Challenges

How Many Cookies were in Grandma Jo's Cookie Jar?

Your Mission is to find out:

1. How many cookies each person ate,

2. Who ate the most amount of cookies, and

3. How many cookies were in Grandma Jo's cookie jar at the beginning.

CLUES

- Uncle Pete ate 5 more cookies than cousin Pedro.
- Grandma Jo and Aunt Sandy shared a cookie, eating ½ a cookie each.
- Cousin Pamela ate two cookies less than cousin Mindy.
- Terry ate double the amount of cookies that Pamela ate but 4 cookies less than Uncle Pete.
- Cousin Pedro and cousin Mindy ate the same amount of cookies.
- Cousin Mindy whispers to you that she ate 3 cookies.

cookie eaters>

GRANDMA JO GRANDPA JIM AUNT SANDY UNCLE PETE

COUSIN PAMELA COUSIN PEDRO COUSIN MINDY TERRY

Space for you to take notes to help you complete this challenge.

How many cookies did each person eat?

Grandma Jo

Grandpa Jim

Aunt Sandy

Uncle pete

Cousin pamela

Cousin Pedro

Cousin Mindy

Terry

Who ate the most amount of cookies?

How many cookies Were in the cookie jar?

Aunt Sandy vs. Uncle Pete

The family is going on an iceskating trip in Aunt Sandy and Uncle Pete's cars. Your mission is to find out who rides in which car using these clues:

- PAMELA GETS CAR SICK WHEN AUNT SANDY DRIVES.
- UNCLE PETE'S CAR DOES NOT HAVE A RADIO.
- MINDY IS GOING TO RIDE THE CAR WITH THE LEAST NUMBER OF PEOPLE IN IT (SHE IS THE LAST TO GET IN THE CAR).
- AUNT SANDY'S IS BIG ENOUGH TO FIT A BABY'S CAR SEAT.
- UNCLE NICO WANTS TO LISTEN TO HIS FAVORITE RADIO SHOW DURING THE TRIP.
- THE TWINS ARE INSEPARABLE. THEY ALWAYS RIDE IN THE SAME CAR.
- TERRY WANTS TO RIDE IN THE CAR WITHOUT THE RADIO PLAYING IN THE BACKGROUND.. SO HE CAN TELL HIS CHRISTMAS JOKES.

PEOPLE WHO WILL GO ICESKATING

UNCLE NICO   ALPHIE   AUNT SANDY   UNCLE PETE

COUSIN PAMELA   COUSIN PEDRO   COUSIN MINDY   TERRY

Space for you to take notes to help you complete this challenge.

WHO WILL RIDE AUNT SANDY'S CAR?

WHO WILL RIDE UNCLE PETE'S CAR?

Grandchildren age game

Grandpa Jim want to buy a Christmas present for each kid in the family, but he can't remember their ages. Use the clues below to find out how old everyone is. Use the dotted space on the next page to take notes as you solve this mission.

CLUES

- Mindy is the oldest cousin.
- Baby Savva is the youngest cousin.
- Pamela is 5 years old.
- Pedro is Pamela's twin brother.
- Terry is 3 years older than the twins and 4 years younger than the oldest cousin.
- Alphie is 6 years younger than Terry and 1 year older than Baby Savva.
- If you add Baby Savva, Alphie and Terry's age

Space for you to take notes to help you complete this challenge.

How OLD IS EACH KID IN THE FAMILY?

MINDY
PAMELA
PEDRO
TERRY
TOBY
ALPHIE
BABY SAVVA

Math Challenge - solutions

Grandchildren age challenge

MINDY	12
PAMELA	5
PEDRO	5
TERRY	8
TOBY	11
ALPHIE	2
BABY SAVVA	1

Aunt Sandy vs. Uncle Pete

UNCLE PETE'S CAR

PAMELA

PEDRO

TERRY

AUNT SANDY'S CAR

UNCLE NICO

BABY ALPHIE

MINDY

COOKIE JAR CHALLENGE

Uncle Pete: 8
Grandma Jemma: 1/2
Aunt Sandy: 1/2
Cousin Pedro: 3
Cousin Pamela: 1
Terry: 4
Cousin Mindy: 3

Total number of cookies
in the cookie jar: 20
Uncle Pete ate the most
amount of cookies

Winter Wonderland Mazes

Help Gingerbread Girl reach her Gingerbread Boy

Help Grandma Jo and Grandpa Jim dance their way towards the mistletoe

Help Grandma, Jo and Grandpa
Jim dance their way towards
the mistletoe

Help Terry reach Santa squirrel through this unbelievably tangled tunnel

there's only one way to solve this puzzle: you have to go through the entire tunnel

Winter Wonderland Maze #1

Winter Wonderland Maze #1

Winter Wonderland Maze #2

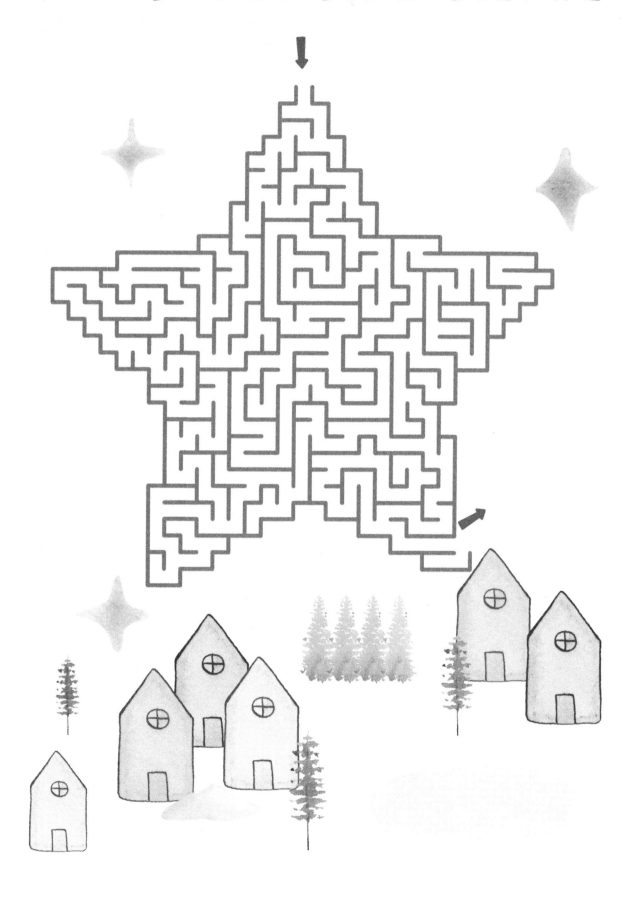

Winter Wonderland Maze #3

Winter Wonderland Maze #3

Winter Wonderland Maze #4

MAZE SOLUTIONS

Would You Rather

HOW TO PLAY

NUMBER OF PLAYER: 2 OR MORE

INSTRUCTiONS:

#1 PiCK A JUDGE. FOR EVERY ROUND PLAYERS WiLL TAKE TURNS BEiNG THE JUDGE.

IF YOU CAN'T DECiDE ON WHO GOES FiRST : LET'S GO iN ALPHABETiCAL ORDER! THE PERSON WHO'S NAME BEGiNS WiTH A LETTER CLOSEST TO THE LETTER A BEGiNS THE GAME AND SO ON.

#2 PiCK A QUESTiON.

THE NEXT FiVE PAGES OF THiS BOOK HAVE FUN "WOULD YOU RATHER" QUESTiONS. THE JUDGE WiLL PiCK ANY OF THESE QUESTiON AND ASK iT OUT LOUD. EACH PLAYER WiLL TAKE PiCKiNG ONE OF THE "WOULD YOU RATHER" CHOiCES AND EXPLAiNiNG WHY THEY MADE THEiR PiCK.

#3 THE BEST ANSWER iS.

THE JUDGE THEN DECiDES WHO CAME UP WiTH THE BEST ANSWER.

THE BEST ANSWER CAN BE EiTHER THE MOST CREATiVE ANSWER OR THE FUNNiEST.

Here is an example:

Question:

Would you rather have a pet
Sea monster
or a
Giant bat

Pete's answer: A sea monster because she can take my whole family a free cruise trip.

Thomas' answer: A giant bat because he can fly me to school when I wake up late and miss the bus.

Judge's decision: Thomas because it would be awesome to sleep in and not worry about being late for school.

WOULD YOU RATHER

ENTER A SNOWMAN BUILDING CONTEST

O R

ENTER A SNOWFLIGHT

WOULD YOU RATHER

RECEIVE A HUGE BOX CONTAINING A SURPRISE GIFT

O R

RECEIVE A TINY GIFT CONTAINING SOMETHING YOUR BEST FRIEND PICKED JUST FOR YOU

WOULD YOU RATHER

OWN A DOG THAT BEHAVE LIKE A REINDEER

OR

OWN A REINDEER THAT BEHAVES LIKE A DOG

WOULD YOU RATHER

SPEND A WHOLE DAY WITH SANTA'S REINDEERS

OR

SPEND A WHOLE DAY MAKING TOYS IN SANTA'S WORKSHOP

WOULD YOU RATHER
GO AROUND YOUR NEIGHBORHOOD SINGING
CHRISTMAS CAROLS

OR

GO AROUND YOUR NEIGHBORHOOD DELIVERING
BOXES OF GIFTS

WOULD YOU RATHER

HAVE A CHRISTMAS FEAST OF CHEESE BITS AND CRACKERS

OR

ENJOY A HEARTY CHRISTMAS MEAL OF MACARONI AND CHEESE

Made in the USA
Monee, IL
24 November 2024

71084397R00072